Theorien und Anwendungsfelder in der Genderforschung. Warum Intersektionalität nach und während der Pandemie eine große Rolle spielen sollte

Simone Schwartz

Bibliografische Information der Deutschen Nationalbibliothek:

Die Deutsche Nationalbibliothek verzeichnet diese Publikation in der Deutschen Nationalbibliografie; detaillierte bibliografische Daten sind im Internet über http://dnb.d-nb.de abrufbar.

ISBN: 9783346576286
Dieses Buch ist auch als E-Book erhältlich.

© GRIN Publishing GmbH
Nymphenburger Straße 86
80636 München

Druck und Bindung: Books on Demand GmbH, Norderstedt Germany
Gedruckt auf säurefreiem Papier aus verantwortungsvollen Quellen

Das Buch bei GRIN: https://www.grin.com/document/1167332

Leuphana Universität Lüneburg

„Die Heldinnen der Corona Pandemie und ihre feinen Unterschiede"

Warum Intersektionalität nach und während der Pandemie eine große Rolle spielen sollte.

Seminararbeit für das Seminar:
Theorien, Konzepte und Anwendungsfelder der Frauen- und Geschlechterforschung
Modul „Praxisorientierte Zugänge zu den Sozialwissenschaften"
SoSe 2020

vorgelegt von: Simone Schwartz

Kulturwissenschaften
4.Semester

Inhalt

1. Einleitung

Die Corona-Pandemie schafft derzeit überall auf der Welt eine historische Ausnahmesituation, die noch unabsehbare Folgen für die Individuen, die Gesellschaft und die Wirtschaft birgt. Zunächst erschien es auch so, dass alle vor dem Virus gleich sind – unabhängig von Herkunft, Hautfarbe, geschlechtlicher Identität, sozialem Milieu, sexuelle Orientierung, Formen von Behinderungen und so weiter. Alle können sich anstecken und erkranken.

Als sich Risikogruppen herauskristallisierten, änderte sich das Bild ein Stück weit, doch die unterschiedliche Wirkung des Virus und der Krise auf die Gesundheit entpuppte sich als ein vergleichsweise kleiner Aspekt zwischen viel größeren Ungleichheiten, die alle anderen Bereiche des Lebens umfassen. Und dies unabhängig von deiner Pandemie oder nicht.

Privilegierte Menschen werden aus dem Notstand privilegierter hervorgehen. Denn viele Ressourcen und eine gute finanzielle, als auch soziale Ausgangssituation vor Corona zieht eine vergleichsweise gute Startvoraussetzung nach Corona mit sich. Menschen, die aufgrund von nationalen, religiösen, sprachlichen und vielen weiteren Identitätsanteile diskriminiert und benachteiligt werden, treffen die Folgen am intensivsten.

Eine Dimension dieser Diversitäten erwies sich als besonders anfällig dafür, während der Krise einer Verstärkung von Ungleichheiten ausgeliefert zu sein: Nämlich das Geschlecht. Frauen, die einen Großteil des Systems am Leben hielten und halten, hatten bereits jetzt mit den meisten Problemen zu kämpfen und werden die negativen Effekte auf kurz oder lang nochmals zu spüren kriegen.

Doch das Kriterium „Frau" allein kann auch nicht als universelles Alleinstellungsmerkmal gesehen werden, sodass bei allen Menschen dieses Geschlechtes der gleiche Verlauf hinsichtlich einer Diskriminierung erfolgt. Eine nach Europa ausgewanderte oder geflüchtete Frau erlebt(e) andere Ungleichheiten, als eine weiße, gut ausgebildete Europäerin.

Diese Hausarbeit soll aufzeigen, dass die Betrachtung von Mehrfachdiskriminierungen den Blick für die Zeit nach Covid-19 nicht nur fördern würde, sondern eine Notwendigkeit darstellt, wenn sich der Spalt in der Gesellschaft und die jeweiligen Ungleichheiten nicht noch vertiefen beziehungsweise verschärfen sollen. Um die Bandbreite an möglichen Wechselwirkungen einzuschränken, wurde sich im Folgenden auf das Geschlecht in Zusammenhang mit der soziale Herkunft, als zwei miteinanderverschränkte Dimensionen von Diversität, beschränkt.

2. Diversität und Intersektionalität

Der Begriff Diversität und die allgemeine Öffentlichkeit: Wie sah das Verhältnis wenige Jahre zuvor aus? Für viele stand der Begriff allenfalls in Zusammenhang mit der Biodiversiät. Jenes besaß demnach (immerschon) einen interdisziplinären Beschreibungscharakter. Die englische Version Diversity trägt hingegen eine bestimmte Philosophie ins ich: Der Begriff wurde in der US-amerikanischen Bürgerrechtsbewegung geprägt. Er bezieht sich explizit auf die Diversität von Menschen, Populationen und Kulturen.

Eine genaue, unstrittige und alles umfassende Definition von dem Wort gibt es aber noch nicht. Gesagt werden kann aber, dass dabei starre Einteilungen bekämpft werden. Und das Wort „Kampf" kommt der Sache nahe: Alles, worum heute gekämpft werden will bzw. muss, findet hier seinen Platz: Rechte für Frauen, für ethnisch Verfolgte, für Minritäten, für Homosexuelle, Bisexuelle, Transgender, Menschen mit Behinderung, nationale, religiöse, sprachliche Minderheiten, Migranten, etc.

Verschiedene Bereiche fordern verschiedene Ausgänge: z.B. das Ende von Diskriminierungen, sind für gerechten Lohn, für Teilnahme an politischen Entscheidungsprozessen und Teilhabe am kulturellen Leben.

Übergreifend wird eigentlich immer ein Feindbild gesehen: Jenes, von einem weißen, privilegierten, cis-Mann in seiner Machtposition.[1]

Zusammenfassend wird also unter dem Begriff auf der einen Seite die Vielfalt, auf der anderen alle Attribute vereint, wegen denen ein Mensch benachteiligt werden könnte, bzw. die historisch gesehen ein Anlass zur Benachteiligung oder gar Verfolgung gewesen sind. Neun verschiedene Attribute wurden unter den sogenannten „Dimensionen der Diversität" vereint: Alter, Ethnizität, Klasse, mentale/physische Beeinträchtigung, Religion, „Rasse"; sexuelle Orientierung und Stellung in der Organisation.[2]

Intersektionalität auf der anderen Seite wird als Erweiterung vom Begriff Diversität gesehen. Hierbei stehen die Wechselwirkungen im Zentrum. Menschen können zwei oder drei der oben genannten Diversitätsdimensionen aufweisen und somit individuelle Diskriminierungserfahrungen machen.[3] Es wird davon ausgegangen, dass nicht nur eine Diversitätsdimension, wie

---

[1] Blum, André / Zschocke, Nina u.a. (2016) Diversität: Geschichte und Aktualität eines Konzept S. 139-174
[2] Ebd. S. 127
[3] Ebd. S. 175

beispielsweise Geschlecht in sozialen Situationen hergestellt und wirksam wird. Je nach Situation und Kontext kommt eine jeweils spezifische Verschränkung mehrerer Diversitäten zum Tragen. Diversitätsdimensionen können sich dabei gegenseitig verstärken, abschwächen oder auch verändern. Solche intersektionellen Phänomene können also in der Folge zu einer Mehrfachdiskriminierung beitragen.[4]

Im Weiteren wird die Wechselwirkung zwischen den Dimensionen „Geschlecht" und „Ethnizität" in drei Bereichen untersucht, die während der Corona Pandemie besonderes im Mittelpunkt der öffentlichen Aufmerksamkeit stehen und standen. Genauer gesagt: Die feinen Unterschiede zwischen den weiblichen Lastträgern unseres Systems und deren verschiedene Belastungsgrade, die sich durch verschränkte Diversitätsdimensionen ergeben und bei politischen Hilfsmaßnahmen eher unsichtbar bleiben.

3. Systemrelevante Berufe und Covid-19

Seit dem Ausnahmezustand zeigt sich, dass unser Gemeinwesen ohne bestimmte Berufe des öffentlichen und sozialen Lebens nicht funktionieren würde. Abseits solcher Krisen werden diesen systemrelevanten Posten jedoch wenig Wertschätzung gegenüber gebracht. Auch fällt die Vergütung unterdurchschnittlich aus.[5]

Finden sich Arbeitnehmer*innen in beruflichen Situationen wieder, die gesellschaftlich ein geringes Ansehen verbunden mit spärlicher Bezahlung oder mangelhaftem, arbeitsrechtlichem Schutz sind, kann ein Arbeitsverhältnis als prekär bezeichnet werden. Richtig ersichtlich werden sie unter anderem durch befristete Vollzeitbeschäftigungen, einem Fehlen von Interessensvertretungen (Betriebsräte, Gewerkschaften) als auch der Exklusion aus sozialen Sicherungssysteme.[6] Der Frauenanteil in solchen Situationen ist hierbei überdurchschnittlich hoch.[7]

---

[4] Abdul-Hussain, Surur/ Hofmann, Roswitha (2013): Diversität als soziale Konstruktion, in erwachsenenbildung.at URL: https://erwachsenenbildung.at/themen/diversitymanagement/theoretische_grundlagen/soziale_konstruktion.php#verschraenkung letzter Zugriff 3.02.2020

[5] Koebe, Josefine / Samtleben, Claire / Schrenker, Annekatrin / Zucco, Aline (2020): Systemrelevant, aber dennoch kaum anerkannt: Entlohnung unverzichtbarer Berufe in der Corona-Krise unterdurchschnittlich, in DIW aktuell 48 URL: https://www.diw.de/de/diw_01.c.792754.de/publikationen/diw_aktuell/2020_0048/systemrelevant__aber_dennoch_kaum_anerkannt__entlohnung_unverzichtbarer_berufe_in_der_corona-krise_unterdurchschnittlich.html letzter Zugriff 2.07.2020

[6] Khalil, Samir / Lietz, Almuth / Mayer J. Sabrina (2020): Systemrelevant und prekär beschäftigt: Wie Migrant*innen unser Gemeinwesen aufrechterhalten, in Deutsches Zentrum für Integrations- und Migrationsforschung, URL: https://dezim-institut.de/fileadmin/Publikationen/Research_Notes/DRN_3_Systemrelevante__Berufe/ResearchNotes_03_200525_web.pdf , S. 6., letzter Zugriff 2.07.2020

[7] Koebe / Samtleben 2020, S. 2

Zwischen diesen Arbeitnehmerinnen gibt es jedoch nochmals Abstufungen hinsichtlich ihres Benachteiligungsgrades: Beispielsweise bei der Berücksichtigung ihrer sozialen Herkunft.

Der Anteil an Migrant*innen beträgt 35,6 Prozent, bei Personen mit Migrationshintergrund, sprich in Deutschland geboren sind es 30, 8 Prozent. [8] Insbesondere die Arbeit im Dienstleistungs- und Pflegebereich, in Reinigungsberufe (44,4 Prozent) und der Altenpflege (36,6 Prozent), für Post und Zustellung (34,5 Prozent), beim Verkauf von Lebensmitteln (25,7 Prozent) sowie die Fahrzeugführung im Straßenverkehr (29,5 Prozent) wird von ihnen getragen.

Sicherlich kann davon ausgegangen werden, dass es sich hierbei nicht rein um weibliche Akteurinnen handelt. Da grundsätzlich, und wie bereits oben angeführt, die Quote an Frauen in diesen Berufssektoren überdurchschnittlich hoch ist, kann dennoch mit einem höheren Anteil an Migrantinnen und Frauen mit Migrationshintergrund gerechnet werden.

Generell gesagt werden kann aber: Sie alle gehen derzeit ein hohes, gesundheitliches Risiko ein, nur um das System an Laufen zu halten.

Eine finanzielle Aufwertung, ausreichender Arbeitsschutz, eine langfristig gute soziale Absicherung auch im Alter sowie eine bessere personelle Ausstattung wären die ersten Schritte in die richtige Richtung. Doch auch die diskriminierenden Verhältnisse in denen sich ein Teil der Frauen aufgrund ihrer sozialen Herkunft permanent und auch ohne Krisen wiederfinden, dürfen nicht weiterhin im Verborgenen bleiben.

Manche ihrer Arbeiten erweckt bzw. erweckte aktuell nur Aufmerksamkeit, da wegen Grenzschließungen und Reisebeschränkungen ihr Fernbleiben drohte. Die extremsten Beispiele sind unter anderem sogenannte „24-Stunden-Pflegerinnen", deren Tätigkeiten hauptsächlich im Graubereich stattfinden. Der Fall einer polnischen Pflegerin verdeutlicht die ausbeuterische Lage im Bereich Arbeitsmigration: Die Frau darf sich selbst nur als Haushaltshilfe bezeichnen und arbeitet grundsätzlich 11,5 bis 16,5 Stunden mehr, als laut Arbeitsvertrag festgelegt. Zudem streicht die Vermittlungsagentur einen nicht geringen Anteil dessen, was die Familie der Frau für ihre Pflegearbeit ausbezahlt. Ihre unverschuldete Abwesenheit zu Hochzeiten der politischen Maßnahmen wertete jene Agentur als unbezahlter Urlaub, sodass die Pflegerin auf eigene Kosten mit einer Sondergenehmigung als Pendlerin zurück nach Deutschland kehrte. Etwas das die Bundesregung durch den Erlass von Ausnahmeregelung für die Einreise von Saisonarbeitskräften ermöglichte, um einen Notstand in der häuslichen Pflege und anderen Bereichen zu

---

[8] Khalil / Lietz 2020, S. 3

verhindern. 90 Prozent ihrer Kolleginnen konnten jedoch nicht den gleichen Weg einschlagen, da sie ohnehin illegal in Deutschland arbeiten [9]

Mit welchen wirtschaftlichen Problemen all diese Arbeitnehmerinnen zudem in naher und ferner Zukunft konfrontiert werden bzw. bereits wurden, ist nicht komplett (ab)sehbar.

Im Juni hatte sich die Groko auf ein 130-Milliarden-Euro-Konjunkturpaket geeinigt. Ein Kernbestreben ist dabei, die wirtschaftlichen und sozialen Härten abzufedern, wozu unter anderem das Kurzarbeitergeld zählt.[10] Dieses garantiert eine Fortzahlung von maximal zwei Drittel des wegfallenden Nettogehalts, doch kann nur von jenen Arbeitnehmer*innen in Anspruch genommen werden, welche in die Arbeitslosenversicherung eingezahlt haben. Auf die Beschäftigungsformen von Frauen allgemein, aber vermehrt der hier akzentuierten Gruppe, trifft das oftmals nicht zu: Viele dieser Frauen arbeiten in Minijobs, im informellen Sektor oder sind wie bereits aufgeführt anderweitig prekär beschäftigt und demnach in Krisenzeiten kaum geschützt. Explizite Unterstützungsstrategien für Menschen in diesen Lagen fehlen[11]

Auch auf europäischer Ebene ist die sogenannte „Strategie zur Gleichstellung der Geschlechter" zu unkonkret, um eine notwendige Inklusion aller in der Zeit nach Covid-19 anzustreben: Denn die Strategie stellen keine spezifische Maßnahme oder Garantie dar, dass die Richtlinien tatsächlich intersektionell sind, also dass Frauen, die in der aktuellen Gleichstellungspolitik unsichtbar gemacht oder übersehen werden, von den Anordnungen profitieren. Zum Beispiel berücksichtigen die Maßnahmen zur Schließung der geschlechtsspezifischen Lohngefälle nicht die Tatsache, dass viele Frauen aus ethnischen Minderheiten weniger bezahlt werden als weiße Frauen und Männer aus ethnischen Minderheiten.[12]

Es zeigt sich, dass die Sorgen und die Ausbeutung dieser gesellschaftlichen Gruppen kaum in der Öffentlichkeit thematisiert werden und ob, beziehungsweise in welchem angemessenen oder unangemessenen Rahmen ihnen die strukturelle Entlastung durch politische Maßnahmen zu Gute kommt.

---

[9] Lindhoff 2020
[10] Bundesfinanzministerium (2020): Corona-Folgen bekämpfen, Wohlstand sichern, Zukunftsfähigkeit stärken, in: Ergebnis Koalitätionsausschuss 3. Juni 2020, URL: https://www.bundesfinanzministerium.de/Content/DE/Standardartikel/Themen/Schlaglichter/Konjunkturpaket/2020-06-03-eckpunktepapier.pdf?__blob=publicationFile&v=8 letzter Zugriff 4.7.2020
[11] Nordmann, Anja (2020): Frauen in der Coronoa-Krise, in Thema „Corona" des deutschen Frauenrats, URL: https://www.frauenrat.de/frauen-in-der-corona-krise/ letzter Zugriff 2.07.2020
[12] Zacharenko, Elena / Kováts, Eszter (2020): How the new EU gender strategy fails east-central European women, in: Gunda Werner Institute/Heinrich Böll Stiftung. Feminism and Gender Democracy, URL: http://www.gwi-boell.de/en/2020/04/16/how-new-eu-gender-strategy-fails-east-central-european-women letzter Zugriff 15.08.2020

4. Care-Arbeit und Covid-19

Arbeit wird weitgehend unterteilt in produktive, als auch reproduktive Tätigkeiten. Zu letzteren zählen jene Handlungen, die kein (warenförmiges) Produkt hervorbringen, sondern auf Wiederholung angelegt sind. Darunter zählen Kindererziehung, Pflege von (hilfsbedürftigen) Familienmitgliedern und zahlreiche private Hausarbeit (von Kochen bis über Putzen). Solche gebrauchswertorientierte Handlungen dienen zum Erhalt des menschlichen Lebens[13] und sind eine unabdingbare, menschliche Aktivität.

Im traditionellen Familienernährermodell war diese Unwucht systembildend. Frau und Mann wurden hierbei mit einigen Assoziationen verknüpft: Er ist der Ernährer, Entscheider und nimmt Einfluss auf die Stellung der Frau an seiner Seite. Von deren verpflichtenden Aufgaben, die sich zumeist auf die Haushalts- und Sorgearbeit beschränken – bis hin zu ihrer Sexualität, die seiner untergeordnet ist. Die Frau ist, wie bereits angesprochen, vor allem für die Nachkommenschaft, die Erholung des erwerbstätigen Mannes, sowie dessen Befriedigung zuständig. Auch ist sie finanziell von ihm abhängig.[14] Vielfältige Formen neben der traditionellen Kleinfamilie haben sich entwickelt – gerade das Modell des Familienernähr ist durch das Doppelverdienermodell, Alleinerziehende überholt.

Der Mangel an zeitlichen Ressourcen führte dazu, dass bei Betreuungs- und Haushaltsarbeiten heute vermehrt „Outsourcing" betrieben wurde, also die Arbeit an Dritte weitergegeben wurde.

In Zeiten von Corona konnte dieser Bedarf an externer, generationsübergreifender Unterstützung im Alltag und somit der Bedarf an sozialen Dienstleistungen aber nur minimal bis gar nicht gedeckt werden.

Zwei Probleme ergeben bzw. ergaben sich aus der Situation: Einerseits, Frauen, die in systemrelevanten Berufen arbeiten und auf institutionelle Kinderbetreuung angewiesen sind. Andererseits Frauen, die nun Homeoffice mit Care-arbeit verbinden müssen.

Die letzten Monate zeigten, dass eine Krise die alte Rollenverteilung reproduzieren und verschärfen kann. Vermehrt Frauen verringerten ihre Arbeitszeit. Deutlich häufiger ließen sie sich freistellen und befinden bzw. befanden sich geringfügig häufiger im krisenbedingten Urlaub, was sie grundsätzlich wieder finanziell vom Mann abhängig machen kann. Elternpaare, die sich

---

[13] Flaßpöhler, Svenja (2019): Kümmern ist menschlich, in: Kultur von Zeitonline, URL: https://www.zeit.de/kultur/2019-05/care-arbeit-revolution-produktion-reproduktion-feminismus letzter Zugriff 4.07.2020
[14] Strieger, Barbara (2006): Einführungsreferat: Geschlechter in Verhältnissen – Denkanstöße für die Arbeit in Gender Mainstreaming Prozessen, in: Schünemann, C. (Hrsg.): Zeit für Gender, Schwülper, S. 13-54

die Erziehungsarbeit zuvor ungefähr gleich aufgeteilt haben, taten das nur noch rund 62 %.[15] Sie übernahmen doppelt so viel Care-arbeit[16].

Doch auch hier ist die Belastung durch Care-arbeit nicht per se für jede Frau gleich. Vielmehr müssen die unterschiedlichen Ausgangssituationen vor Covid-19 beleuchtet werden, um die Ursachen für die ungleichen Ausprägungen zwischen Frauen offen legen zu können.

Gerade die Rollenverteilungen und die Bedeutung der Familie beziehungsweise des Kinderkriegens sind bei Frauen mit und ohne Migrationshintergrund häufig anders. Die Sozialisation im Herkunftsland, Religionen und Traditionen stellen dabei die größten Pfeiler für die unterschiedlichen Verpflichtungen und Identitätsanteile dar, die Frauen zugeschrieben werden bzw. ihrem eigenen Bild entsprechen.

Zwar kommt es bei diesen Familien mittelfristig zu einer ökonomisch, politischen und kulturellen Anpassung bzw. Annäherung an die Rahmenbedingungen im Aufnahmeland; tendenziell haben Migrant*innen und Eltern mit Migrationshintergrund aber weiterhin ein traditionelleres Mutterbild und die männlichen Partner reagieren je nach Bildungsstand, sozialer und kultureller Kompetenz verschieden auf die Abweichung ihrer Norm.[17] Die Prägung durch Werte und Normen ihres Herkunftslandes, zeigt sich bei Zuwanderer der ersten Generation zudem am stärksten und können das generative Verhalten dauerhaft beeinflussen.

Das spiegelt sich auch im Umgang mit privater Care-arbeit und der Zugang zu institutioneller Care-arbeit wieder, der im näheren aufgeschlüsselt werden soll.

4.1. Care-arbeit Beispiel: Kinderbetreuung

Auch wenn das Geburtenverhalten von vielen weiteren Faktoren, als nur der sozialen Herkunft abhängig ist, besteht ein feiner Unterschied zwischen Familien mit Migration und ohne

---

[15] Jung, Rainer (2020): Corona-Krise: 14 Prozent in Kurzarbeit -40 Prozent können finanziell maximal drei Monate durchhalten – Pandemie vergrößert Ungleichheiten, in: Pressedienst der Hans Böckler Stiftung, URL: https://moodle.leuphana.de/pluginfile.php/199006/mod_resource/content/1/Böckler%20Frauen%2C%20Corona.pdf S. 3, letzter Zugriff 15.08.2020

[16] Ramos, Gabriela (2020): Woman at the core oft he fight against Covid-19 crisis, in OECD Tackling Corona-Virus (COVID-19) Contributig to a global Effort, URL: https://read.oecd-ilibrary.org/view/?ref=127_127000-awfnqj80me&title=Women-at-the-core-of-the-fight-against-COVID-19-crisis, S. 4 f. letzter Zugriff 15.08.2020

[17] Menonna, Vanessa/ Hass, Gabriele/ Hartmann, Jeannette (2010): Familien in Baden-Württemberg. Migration, Familie und Beruf, Ministerium für Arbeit und Sozialordnung, Familien und Senioren Baden-Württemberg (Hrsg.) URL: https://www.statistik-bw.de/FaFo/Familien_in_BW/R20104.pdf S. 5 letzter Zugriff 15.08.2020

Migration: Erstere haben häufiger drei oder mehr Kinder als letztere, was in der aktuellen Situation immense Auswirkungen auf die Intensität und Kontinuität von Betreuungsarbeit mit sich bringt.

Nicht nur Frauen, sondern auch Mädchen mit Migrationshintergrund werden dadurch mehr belastet. Denn soziale Netzwerke und alle weiblichen Familienmitglieder werden hier vermehrt als Ressource für die private Sorgearbeit gesehen. Innerhalb der Familie wird die Hilfe vor allem von der jüngeren Generation für die ältere Generation erwartet.[18]

Wenn zudem beide Elternteile in systemrelevanten Berufen tätig sind, kann geschlussfolgert werden, dass Mädchen vermehrt Haushaltsaufgaben übernehmen und im Umkehrschluss weniger Zeit für die eigene (Schul)Bildung haben. Ein Umstand, der sich später auf ihren Abschluss und einem dementsprechenden Karriereweg, negativ auswirken kann.

4.2 Care-arbeit Beispiel: Homeschooling

In der Zeit vor der Corona-Pandemie war Heimunterricht gesetzlich verboten. Das in den 1970er Jahren aufgekommene Phänomen des Homeschooling entstand als Pendant zu der institutionalisierten/verstaatlichten) Wissensvermittlung und sollte für eine anarchistische, antikapitalistische Bildungsreformbewegung stehen. Der familiäre Vormund von Kindern entscheidet dabei – ohne oder in Absprache mit jenen – über den Lehrplan und lässt dies von den örtlichen Bildungsbehörden genehmigen. Die aktuelle Situation, in der sich Eltern und Kinder ausgesetzt sehen, kann jedoch nicht unter die Kategorie des Homeschooling fallen.[19]

Vielmehr wird versucht, die staatliche Schulbildung trotz der Schulschließungen aufrecht zu halten: Und dies fast nur in Form von ausgiebigen Hausaufgaben durch Lehrkräfte.

Die Qualität der Bearbeitung liegt jedoch zwei wichtiger Faktoren zugrunde: Einerseits technischer, andererseits menschlicher Mitteln.

Bereits vor Covid-19 ließ sich Bildungsferne nicht immer auf das Maß an elterlichen Ambitionen, sondern vielmehr auf gesellschaftliche Ungleichheit zurückführen. Andere Faktoren, wie räumliche, zeitliche, sprachliche, technische Dimensionen, als auch der Bildungsgrad der Eltern

---

[18] Ebd S. 17
[19] Blokland, Talja (2020): Warum wir aufhören sollten, uns zu Hause wie Lehrer_innen zu verhalten, in: Friedrichs Bildungsblock, URL: https://www.fes.de/themenportal-bildung-arbeit-digitalisierung/bildung/artikelseite-bildungsblog/warum-wir-aufhoeren-sollten-uns-zu-hause-wie-lehrer-zu-verhalten letzter Zugriff 4.07.2020

haben immer noch größeren Einfluss auf Bildungsergebnisse; kurz gesagt: der Reichtum an Ressourcen zählt.[20]

In Deutschland seien 90 Prozent der schulpflichtigen Kinder mit digitalen Endgeräten ausgestattet. Dennoch zeigt sich ein Unterschied in den Haushalten; nicht nur zwischen denen von Hoch- und Geringverdingern, sondern auch Familien mit Migrationshintergrund. Wie bereits im Punkt Care-arbeit aufgeführt, haben Schüler*innen aus jenen Elternhäusern tendenziell mehr Geschwister, was einen Ressourcenmangel in Hinblick auf die elterliche Hausaufgaben-unterstützung, als auch der digitalen Nutzungsmöglichkeiten nach sich zieht: Deutlich weniger als die Hälfte hätten alleinigen Zugriff auf einen PC oder Laptop[21]

Manche Schüler*innen haben nicht einmal das Privileg, von daheim überhaupt eine Verbindung zum Internet herzustellen, die schnell und stabil genug ist oder ein Telefon, einen Computer oder ein Tablet, was als wesentliches Hilfsmittel gilt, um Hausaufgaben zu erledigen und am Unterricht teilnehmen zu können.

Aus der Perspektive der Lehrkräfte wird diese Chancenungleich nochmals deutlich. So würden die lehrenden Personen manche Schüler*innen ein bis zwei Wochen gar nicht erreichen. Und mit weniger als der Hälfte hätten sie regelmäßig Kontakt.[22]

Die Vermutung ist nicht abwegig, dass Kinder und spezielle Mädchen aus einem unzureichenden, digital-ausgestatteten Haushalt eher abgehängt werden, als Kinder aus Haushältern, die genügend Ressourcen zur Verfügung haben.

Die Bildungsungerechtigkeit wird jedoch zudem verstärkt, wenn Frauen die Hausaufgabenbetreuung übernehmen müssen, die aufgrund der sozialen Klasse, des kulturellen Kapitals und Sprachbarrieren, keinen „angemessenen" Lehrer*innenersatz darstellen können, als deutsche Akademikerinnen[23].

---

[20] Ebd.

[21] Schreijäg, Jonas / Wärnke, Birgit (2020): Homeschooling: Das Ende der Chancengleichheit, URL: https://daserste.ndr.de/panorama/archiv/2020/Homeschooling-Das-Ende-der-Chancengleichheit,chancengleichheit122.html letzter Zugriff 4.07.2020

[22] Ebd.

[23] Warrlich, Siri (2020): Mit diesen Problemen haben Eltern zu kämpfen, in: Politik. Studie zu Homeschooling in Corona Pandemie Stuttgarter Zeitung URL: https://www.stuttgarter-zeitung.de/inhalt.studie-zu-homeschooling-in-corona-pandemie-mit-diesen-problemen-haben-kinder-eltern-und-lehrer-zu-kaempfen.003b230d-f99d-47ec-8d55-cee74359369b.html, letzter Zugriff 21.06.2020

Durchschnittlich verfügen Migrant*innen und Eltern mit Migrationshintergrund auch über ein niedrigeres (anerkanntes) Bildungsniveau. So sollen über ein Drittel dieser Mütter keinen beruflichen Ausbildungsabschluss besitzen.[24]

Es bleibt demnach nicht die Frage offen, ob sich diese Maßnahmen nachteilig auf diejenigen Menschen in unserem Land auswirken, die bereits am stärksten ausgegrenzt sind, sondern wie stark die soziale Ungerechtigkeit reproduziert wird.

5. Häusliche Gewalt und Covid-19

Jeder Haushalt, in dem es zu körperlichen Auseinandersetzungen, Konflikten und Gewalt kommt, hat seine eigene Geschichte. Während der Hochphase des Lockdowns kamen jedoch eindeutige Faktoren hinzu, die eine Zunahme von häuslicher Gewalt begünstigen könnten: Ängste in den Bereichen Gesundheit und Wirtschaft, Mobilitätseinschränkungen, Schließung von staatlichen Institutionen wie Kitas und Schulen, Isolation und Enge in den eigenen vier Wänden und viele weitere.

Im Jahr 2004 ging aus der Studie „Lebenssituationen, Sicherheit und Gesundheit von Frauen in Deutschland" hervor, dass 40 Prozent der Studienteilnehmerinnen, seit dem 16. Lebensjahr mindestens einmal Opfer von körperlicher oder sexueller Gewalt geworden zu sein. Speziell zu betrachten ist dabei die Quoten von Gewalterfahrungen bei Migrantinnen: Diese machten deutlich häufiger Gewalterfahrungen als deutsche Frauen. Dies hängt mit Faktoren, wie unter anderem der sozialen Lage, dem geringeren Bildungs- und Ausbildungsniveau, dem Mangel an beruflichen und sozialen Einbindungen sowie dem Fehlen eines vertrauensvollen, engen Beziehungsnetzes zusammen.

Grundsätzlich könnten Betroffene jederzeit in sozialen Einrichtungen Zuflucht finden. Wie alle anderen öffentlichen Versammlungsorte, mussten Frauenhäuser und Beratungsstellen jedoch auch schließen. Diese Organisationen kennen bereits die Auswirkungen von ungewohnt langem und beengtem Zusammensein in (Risiko)Haushalten– nach Feiertagen steigt die Zahl der gemeldeten Fälle. Solange die Opfer mit den Tätern aber in den gleichen Räumlichkeiten festsitzen, passiert erfahrungsgemäß wenig.[25]

---

[24] Menonna, Vanessa/ Hass, Gabriele/ Hartmann, Jeannette (2010) S. 2
[25] Meyer, Monika (2020): Corona macht Arbeit im Frauenhaus kompliziert. Einzelgespräche ersetzen Gruppentreffen –Ehrenamtliche im Seniorenalter müssen pausieren, URL: https://www.donaukurier.de/lokales/hilpoltstein/Covid-19-Corona-macht-Arbeit-im-Frauenhaus-kompliziert;art596,4562376 letzter Zugriff 4.07.2020

Auch in der Zeit der Kontaktverbote blieben die Meldungen von häuslicher Gewalt weitgehend aus. Expert*innen rechnen jedoch mit einer hohen Dunkelziffer, die erst mit der Zunahme an Lockerung an die Oberfläche kommen wird. Bereits jetzt verzeichnen manche Schutzplätze in Niedersachen eine steigende Tendenz an Frauen, die Hilfe suchen. Langzeitklientinnen sowie neue Fälle.[26] Beratungsspaziergänge und strenge Hygiene- sowie Abstandsvorschriften sind die ersten Einstiegsversuche in den normalen Betrieb der Frauenhäuser. Diese Maßnahmen können die reguläre Arbeit der Berater, zu der Nähe aufbauen dazugehört, nicht komplett ersetzten.

6. Fazit

Die Wahrnehmung jener Welt, die den eigenen Alltag überschreitet, ist weiterhin zu einem Großteil von medialen Aufmerksamkeitsökonomien geprägt. Die Vorselektion in (meist einzig) relevante Berichterstattungen beispielsweise viel über Wirtschaft, systemrelevante Berufe und Familien, die sich der Doppelbelastung von Homeoffice und Homescholling stellen, setzt den diskriminierenden Themenkanon fort. Denn die Problemlage gemessen in (Sende- bzw.) Beschäftigungszeit zum Beispiel mit Migrantinnen, Flüchtlinge und anderen Communities fällt vergleichsweise wieder gering aus.

Gerade in Zeiten dieser Krise zeigt sich also, dass die vermeintlichen Maßnahmen in Richtung soziale Gleichheit viel mehr auf der verbalen Ebene zwischen Politiker*innen und Mitmenschen stattfanden, als eine wirklich gelebte Realität war. Dabei ist der Grad an Betroffenheit und Verletzbarkeit keineswegs ein Produkt des Zufalls: Die Teilung der Gesellschaft in Mächtige und Ohnmächtige ist das Resultat von sozialen Macht- und Ungleichheitsverhältnissen, die immer noch nicht ausreichend aufgearbeitet wurden. Die historischen und kontextuellen Verflechtungen von Diversitätsdimensionen können erst recht nicht durch schnelle Maßnahmen entgegengewirkt werden; Faktoren, die aus diskriminierenden Gründen Einfluss auf die Frage geben, wem Schutz und Unterstützung zuteilwird und mithilfe welcher Ressourcen Handlungsmöglichkeiten gefördert und strukturiert werden beziehungsweise welche Ansprüche als legitim gelten, sind keine Ausnahme und keine Minderheiten, im Gegenteil: Vielfalt ist vielmehr die Norm.

---

[26] Chlebosch, Marie-Caroline / Gabcke, Wieland / Lütke, Josephine (2020): Tatort Wohnzimmer: Corona und häusliche Gewalt, URL: https://www.ndr.de/nachrichten/niedersachsen/Tatort-Wohnzimmer-Corona-und-haeus-liche-Gewalt,haeuslichegewalt110.html letzter Zugriff 4.07.2020

Wenn den wirklich schwer Betroffenen keine Stimme gegeben wird, ist der Versuch nach und während der Pandemie so schnell wie möglich wieder in den Alltag zurück zu finden vielmehr zum Scheitern als zum Gelingen verurteilt.

Es reicht gewiss auch nicht wie in dieser Hausarbeit, nur die wirtschaftlichen und privaten Konsequenz zwischen den Geschlechtern zu beleuchten; auch die Differenzen zwischen einzeln Personengruppen; den Communities, die an den Rande der Gesellschaft gedrängt werden müssen in die Diskurse über Hilfsmaßnahmen und Änderungen auf gesetzlicher, gesellschaftlicher und globaler Ebene miteinfließen. Denn wenn die Krise eines zeigt, dann dass privilegierte Menschen wieder privilegierte aus der Sache hinausgehen – ohne das voraussichtlich eine Reflektion über die gesellschaftlichen Missstände stattfindet.

Intersektionelle Perspektiven auf die Pandemie könnten dabei die ersten, großen Schritte in die richtige Richtung darstellen. Da es sich um kein in Stein gemeißeltes Theoriegebäude handelt muss es ein lebendiges und aktiv umgesetztes Konzept bleiben; Es muss und darf sich im Streit durch politisch-wissenschaftliche Debatten verändert und erneuert werden– sodass diese Krise vielmehr als Chance für Erneuerungen, als für Rückschritte in die Zeit vor Covid-19, genutzt wird.

Literaturverzeichnis

Blum, André / Zschocke, Nina u.a. (2016) Diversität: Geschichte und Aktualität eines Konzepts, Würzburg: Königshausen & Neumann

Strieger, Barbara (2006): Einführungsreferat: Geschlechter in Verhältnissen – Denkanstöße für die Arbeit in Gender Mainstreaming Prozessen, in: Schünemann, C. (Hrsg.): Zeit für Gender, Schwülper, S. 13-54

Onlinequellen

Bundesfinanzministerium (2020): Corona-Folgen bekämpfen, Wohlstand sichern, Zukunftsfähigkeit stärken, in: Ergebnis Koalitätionsausschuss 3. Juni 2020, URL: https://www.bundesfinanzministerium.de/Content/DE/Standardartikel/Themen/Schlaglichter/Konjunkturpaket/2020-06-03-eckpunktepapier.pdf?__blob=publicationFile&v=8 letzter Zugriff 4.7.2020

Blokland, Talja (2020): Warum wir aufhören sollten, uns zu Hause wie Lehrer_innen zu verhalten, in: Friedrichs Bildungsblock, URL: https://www.fes.de/themenportal-bildungarbeit-digitalisierung/bildung/artikelseite-bildungsblog/warum-wir-aufhoeren-solltenuns-zu-hause-wie-lehrer-zu-verhalten letzter Zugriff 4.07.2020

Chlebosch, Marie-Caroline / Gabcke, Wieland / Lütke, Josephine (2020): Tatort Wohnzimmer: Corona und häusliche Gewalt, URL: https://www.ndr.de/nachrichten/niedersachsen/Tatort-Wohnzimmer-Corona-und-haeusliche-Gewalt,haeuslichegewalt110.html letzter Zugriff 4.07.2020

Flaßpöhler, Svenja (2019): Kümmern ist menschlich, in: Kultur von Zeitonline, URL: https://www.zeit.de/kultur/2019-05/care-arbeit-revolution-produktion-reproduktionfeminismus letzter Zugriff 4.07.2020

Jung, Rainer (2020): Corona-Krise: 14 Prozent in Kurzarbeit -40 Prozent können finanziell maximal drei Monate durchhalten – Pandemie vergrößert Ungleichheiten, in: Pressedienst der Hans Böckler Stiftung, URL: https://moodle.leuphana.de/pluginfile.php/199006/mod_resource/content/1/Böckler%20Frauen%2C%20Corona.pdf letzter Zugriff 15.08.2020

Koebe, Josefine / Samtleben, Claire / Schrenker, Annekatrin / Zucco, Aline (2020): Systemrelevant, aber dennoch kaum anerkannt: Entlohnung unverzichtbarer Berufe in der Corona-Krise unterdurchschnittlich, in DIW aktuell 48 URL: https://www.diw.de/de/diw_01.c.792754.de/publikationen/diw_aktuell/2020_0048/systemrelevant__aber_dennoch_kaum_anerkannt__entlohnung_unverzichtbarer_berufe_in_der_corona-krise_unterdurchschnittlich.html letzter Zugriff 2.07.2020

Khalil, Samir / Lietz, Almuth / Mayer J. Sabrina (2020): Systemrelevant und prekär beschäftigt: Wie Migrant*innen unser Gemeinwesen aufrechterhalten, in Deutsches Zentrum für Integrations- und Migrationsforschung, URL: https://dezim-institut.de/fileadmin/Publi-

tionen/Research_Notes/DRN_3_Systemrelevante__Berufe/ResearchNo
tes_03_200525_web.pdf letzter Zugriff 15.08.2020

Lindhoff, Alicia: (2020): Systemrelevant und unsichtbar: Corona-Krise zeigt die Doppelmoral gegenüber Migrantinnen und Migranten, in Frankfurter Rundschau, URL: https://www.fr.de/panorama/corona-krise-systemrelevant-unsichtbar-migranten-ar beitskraefte-video-klagt-doppelmoral-zr-13751080.html letzter Zugriff 4.07.2020

Menonna, Vanessa/ Hass, Gabriele/ Hartmann, Jeannette (2010): (Familien in Baden-Württem berg. Migration, Familie und Beruf, Ministerium für Arbeit und Sozialordnung, Fami lien und Senioren Baden-Württemberg (Hrsg.) URL: https://www.statistik-bw.de/FaFo/Familien_in_BW/R20104.pdf letzter Zugriff 15.08.2020

Meyer, Monika (2020): Corona macht Arbeit im Frauenhaus komplizierter. Einzelgespräche er setzen Gruppentreffen –Ehrenamtliche im Seniorenalter müssen pausieren, URL: https://www.donaukurier.de/lokales/hilpoltstein/Covid-19-Corona-macht-Arbeit-im-Frauenhaus-kompliziert;art596,4562376 letzter Zugriff 4.07.2020

Nordmann, Anja (2020): Frauen in der Coronoa-Krise, in Thema „Corona" des deutschen Frau enrats, URL: https://www.frauenrat.de/frauen-in-der-corona-krise/ letzter Zugriff: 2.07.2020

Ramos, Gabriela (2020): Woman at the core oft he fight against Covid-19 crisis, in OECD Tackling CoronaVirus (COVID-19) Contributig to a global Effort, URL: https://read.oecd-ilibrary.org/view/?ref=127_127000-awfnqj80me&title=Women-at-the-core-of-the-fight-against-COVID-19-crisis letzter Zugriff 4.07.2020

Schreijäg, Jonas / Wärnke, Birgit (2020): Homeschooling: Das Ende der Chancengleichheit, URL: https://daserste.ndr.de/panorama/archiv/2020/Homeschooling-Das-Ende-der-Chancengleichheit,chancengleichheit122.html letzter Zugriff 4.07.2020

Warrlich, Siri (2020): Mit diesen Problemen haben Eltern zu kämpfen, in: Politik. Studie zu Homeschooling in Corona Pandemie Stuttgarter Zeitung URL: https://www.stuttgarter-zeitung.de/inhalt.studie-zu-homeschooling-in-corona-pandemie-mit-diesen-proble men-haben-kinder-eltern-und-lehrer-zu-kaempfen.003b230d-f99d-47ec-8d55-cee74359369b.html, letzter Zugriff 21.06.2020

Zacharenko, Elena / Kováts, Eszter (2020): How the new EU gender strategy fails east-central European women, in: Gunda Werner Institute/Heinrich Böll Stiftung. Feminism and Gender Democracy, URL: http://www.gwi-boell.de/en/2020/04/16/how-new-eu-gen der-strategy-fails-east-central-european-women letzter Zugriff 15.08.2020